BANANEN & KANONEN
Karikaturen von Rainer Hachfeld
mit einem Beitrag von Antonio Skármeta

EP 25
ELEFANTEN PRESS VERLAG GMBH
Berlin (West) 1979

© ELEFANTEN PRESS VERLAG GMBH und
  Rainer Hachfeld, 1979
Alle Rechte vorbehalten, Nachdruck nur nach
Vereinbarung.
1. Auflage, Berlin (West) 1979
Printed in Berlin (West)
ISBN 3-88520-025-2

Wanderausstellung

BANANEN & KANONEN gibt es als Wanderausstellung mit ca. 100 hängefertig gerahmten oder kaschierten Exponaten. Leicht transportabel, auch für kleinere Ausstellungsflächen geeignet, laufend aktualisiert. Nähere Informationen über ELEFANTEN PRESS GALERIE, Dresdener Str. 10, 1000 Berlin (West) 36, Tel. 030/ 614 77 04, Mo-Fr 9-19 Uhr.

Abbruchunternehmen Hachfeld

Die Sprache dieser Karikaturen ist zerstörend. Sie erinnert stark an Macheten, Hämmer und Sicheln, die dort reichlich vorkommen. Sie will den Gegner gar nicht erst touchieren und abtasten, sondern sucht schon beim ersten Schlagabtausch den Hieb, der ihn auf die Matte schickt. Ein großer Teil der universellen politischen Karikatur hat diese Neigung zum Groben, zum Spaß am Eintauchen ins Meer des Grotesken, um siegreich wieder aufzutauchen: Da werden die Hände der Karikierten zu Kraken, ihre Finger zu Fangarmen, sie selbst zu reißenden Bestien. Auch die Sprache der Karikatur in Lateinamerika ist so eindeutig, entschieden und grob wie die von Rainer Hachfeld. Im wesentlichen aus zwei Gründen: Erstens sind die multinationalen Konzerne der Hauptfeind Lateinamerikas. Ihre Gier nach den Reichtümern des Kontinents ist ebenfalls eindeutig, entschieden und grob. Entsprechende Bissigkeit steht dem Karikaturisten zu, der niemandem ein Lächeln aufzwingt, sondern selbst die Zähne zeigt, bereit, Biß mit Biß zu vergelten.

Der zweite Grund liegt, wie mir scheint, darin, daß die politische Karikatur eine didaktische Funktion erfüllt. Sie präzisiert durch die Schärfe der Darstellung ein Problem, kommentiert eine Situation ohne Notwendigkeit von Erläuterungen. Die satirische Zeichnung ist in Lateinamerika schon immer ein beliebtes Mittel der politischen Parteien gewesen, mit den Massen zu kommunizieren, schon deshalb, weil die Transparenz eines Bildes die massive Schranke des Analphabetismus überspringt, der noch immer fast den ganzen Kontinent peinigt.

Aus diesem Phänomen ergibt sich noch ein anderes, das die politische Karikatur kennzeichnet, so wie Hachfeld sie handhabt: Sie ist relativ sparsam und hat ein geringes Repertoire an Symbolen. Es sind Karikaturen, die immer wieder auf Darstellungen bestehen, die sich an politischen Aussagen festmachen. Es sind Varianten rund um einen Gemeinplatz im eigentlichen Sinn des Worts. Der Grund dafür ist evident: Die historische Situation, die diesen Gemeinplatz verursacht, nämlich den Einfluß der transnationalen und nordamerikanischen Monopole in Lateinamerika und ihre wiederholten, häufig brutalen und skrupellosen Interventionen in den verschiedenen Ländern, hat sich im letzten Jahrzehnt kaum geändert. Der Fall, der das am deutlichsten zeigt, ist der Chiles, dessen legaler und friedlicher Weg zum Sozialismus sein Ende in einem Massaker fand, das den privaten und monopolistischen Gruppen die Reichtümer des Landes wieder in die Hände gab.

Die vorliegenden Karikaturen von Rainer Hachfeld wurden und werden in verschiedenen Galerien Lateinamerikas gezeigt und an dort erscheinende Zeitungen und Zeitschriften geliefert. Genau dort müssen sich diese Blätter wie zuhause fühlen. Wenn diese aufrührerischen Zeichnungen auch nichts mit Begriffen wie Feinheit,

Sanftmut und Ruhe zu tun haben, ist doch der Witz bemerkenswert, mit dem Hachfeld den Gemeinplatz nuanciert. Die Symbole sind bekannt: Da ist Uncle Sam mit seinem leuchtenden Gaukleranzug, die Freiheitsstatue, der Dollar, Regierungen als Marionetten, Münder als Rachen, Hände als Klauen — und natürlich Coca Cola. Aber Hachfeld schafft es, dem Gemeinplatz eine Spannung zu geben, die man „poetisch" nennen möchte: Jene Synthese, die bei jeder Gelegenheit den Widerspruch zwischen Erscheinung und Wirklichkeit der Macht des Kapitals entlarvt.

Wie wir uns erinnern, wurde Pinocchios/Pinochets Nase bei jeder Lüge länger. Uncle Sam, von Buckeln geplagt, bleibt identifizierbar, auch wenn seine Reißzähne im Glas ruhen. Die cubanische Musik hat ihm das Trommelfell zerstört, das Gleichgewicht genommen, ihn hysterisch werden lassen. Und schließlich sind da die faschistischen Regierungen Lateinamerikas. Was wird er nach Nicaragua mit ihnen machen?

Antonio Skármeta
Juli 1979

Antonio Skármeta, Schriftsteller und Drehbuchautor („Aus der Ferne sehe ich dieses Land"), wurde 1940 in Chile geboren. Bis zu seiner Emigration lehrte er lateinamerikanische Literatur an der Universidad de Chile. Er lebt seit 1973 mit seiner Familie in Westberlin.

RAINER HACHFELD wurde 1939 in Ludwigshafen geboren und lebt seit 1952 in Westberlin, wo er erfolglos das Gymnasium besuchte, mit etwas mehr Erfolg die Meisterschule für das Kunsthandwerk. Dort studierte er u. a. Zeichentrickfilm, Bühnenbild und alkoholische Getränke und organisierte das Künstlerfest „Laterna Magica", das er auch als Musiker (Tenorsax) bereicherte. Im Alter von drei Jahren hatte er bereits beschlossen, Maler zu werden und gab diesen Berufswunsch erst auf, nachdem er 1960 ein Jahr in Paris gemalt hatte. Wieder in Berlin arbeitete er als Bühnenbildner, Plakatmaler und Programmheftillustrator für die politischen Kabaretts „Die Bedienten" und „Das Reichskabarett".

Seinen ersten großen Erfolg hatte Hachfeld als Illustrator des „Struwwelpeter neu frisiert" (Text vom Vater Dr. Eckart Hachfeld), einer Bilderbuchadaption über die Große Koalition. Zu neuen Ehren kam er, als er 1969 zusammen mit Volker Ludwig für das Kindertheaterstück „Stokkerlok und Millipilli" den Brüder-Grimm-Preis der Stadt Berlin

(West) erhielt. (Er hat seitdem circa acht Kinderstücke geschrieben, unter anderem für das Berliner „Grips-Theater".) Sein allergrößter Erfolg war jedoch ein Plakat, das Franz-Josef Strauß in Form eines Hakenkreuzes zeigte und Hachfelds Auftraggeber, den „Berliner Extradienst", rund vierzigtausend Mark Anwalts- und Gerichtsgebühren kostete.

Durch Vermittlung von Professor Heinz Rudolf Sonntag von der Universität Caracas zeigte Hachfeld 1971 seine ersten Lateinamerika-Karikaturen in Venezuela, später in Mexiko und Kuba und arbeitet heute regelmäßig für die Zeitschriften „Alternativa" (Kolumbien), „Nueva Sociedad" (Venezuela/Costa Rica) und für die Agentur „Prensa Latina" (Kuba).

So bekannt wie in Mittelamerika wurde Hachfeld in Westberlin und der BRD nur den Lesern des „Extradienst", in dem seine Unterwanderratte über ein Jahrzehnt ihr Unwesen trieb.

Die Ratte ist heute bei der Nordberliner Tageszeitung „Die Neue" festangestellt. Hachfeld selbst — einst Karikaturist beim „Spandauer Volksblatt", Dramaturg bei der „Ufa" und Redakteur beim „Stern" — zieht es vor, freiberuflich zu arbeiten, ist Mitglied der IG Druck und Papier, der Freundschaftsgesellschaft Westberlin — Kuba, des Förderkreis Kindertheater und keiner Partei.

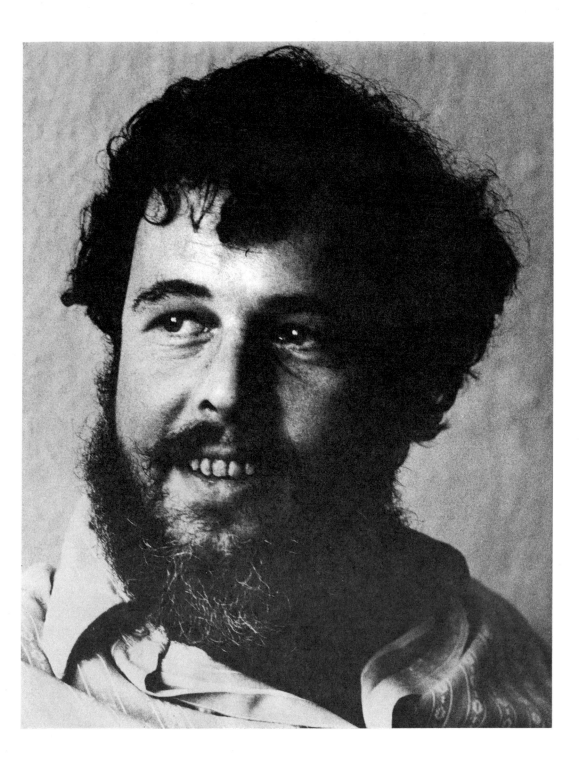

*Para René, Rogelio, Eduardo, Pedro León y los demás
maestros, colegas, amigos y compañeros.*   R. H.

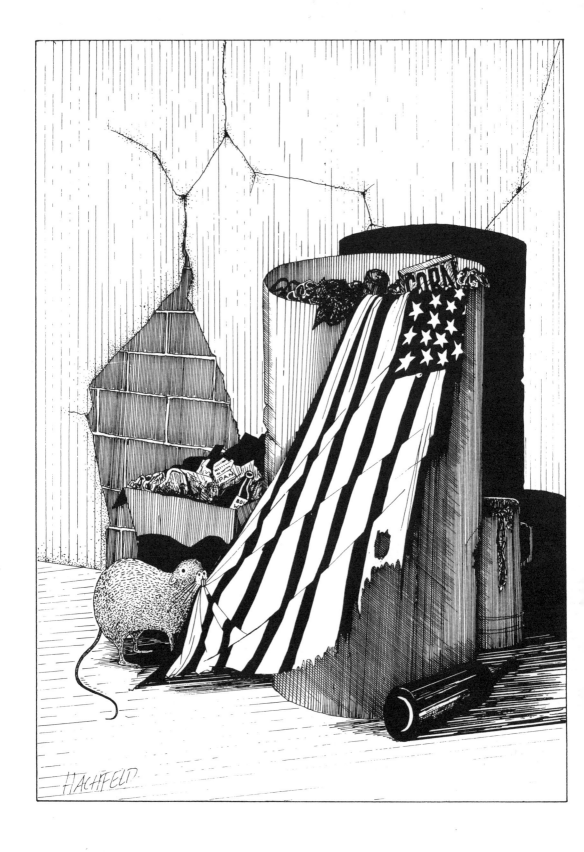

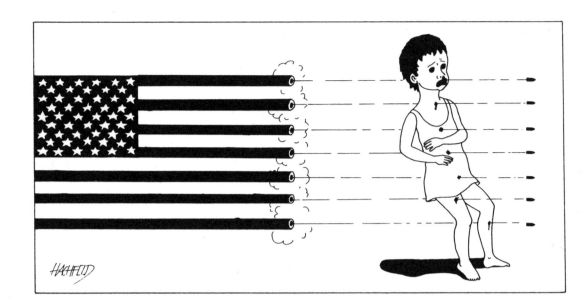

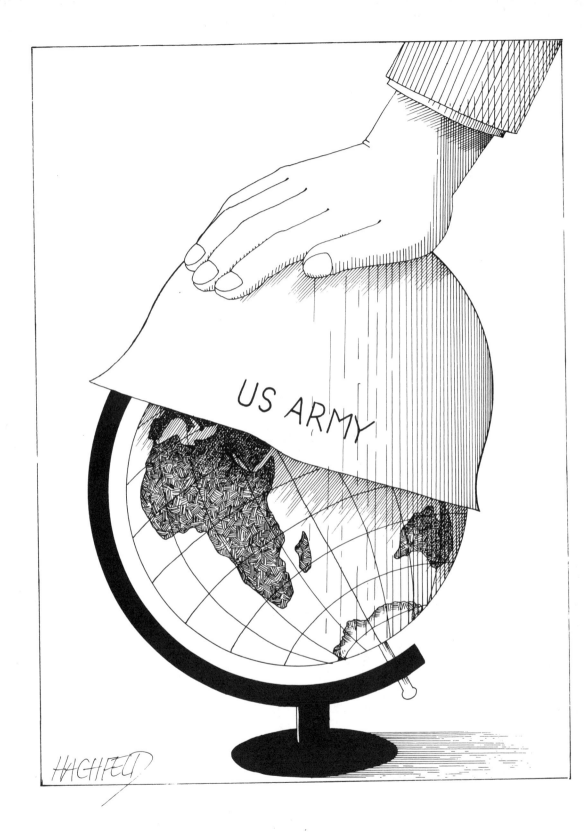

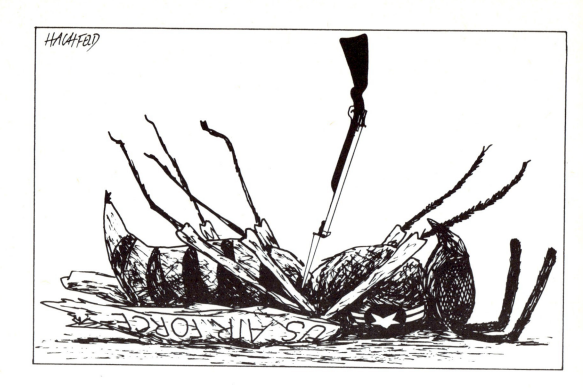

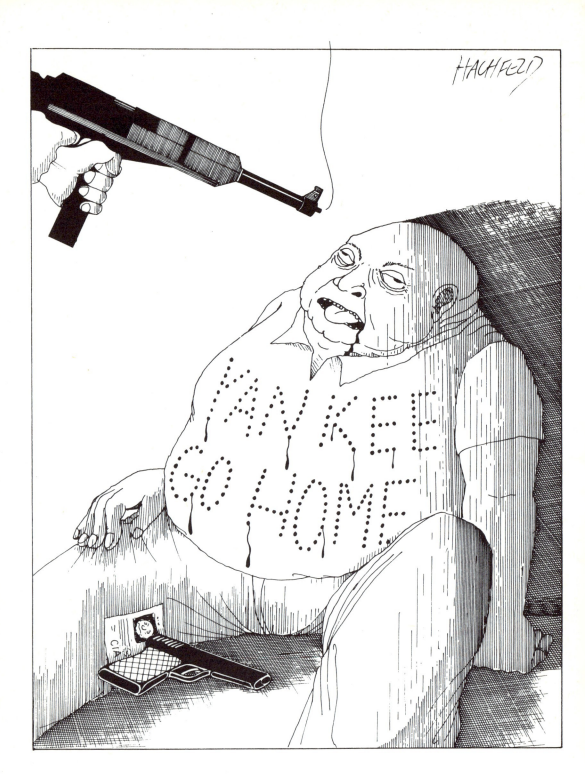

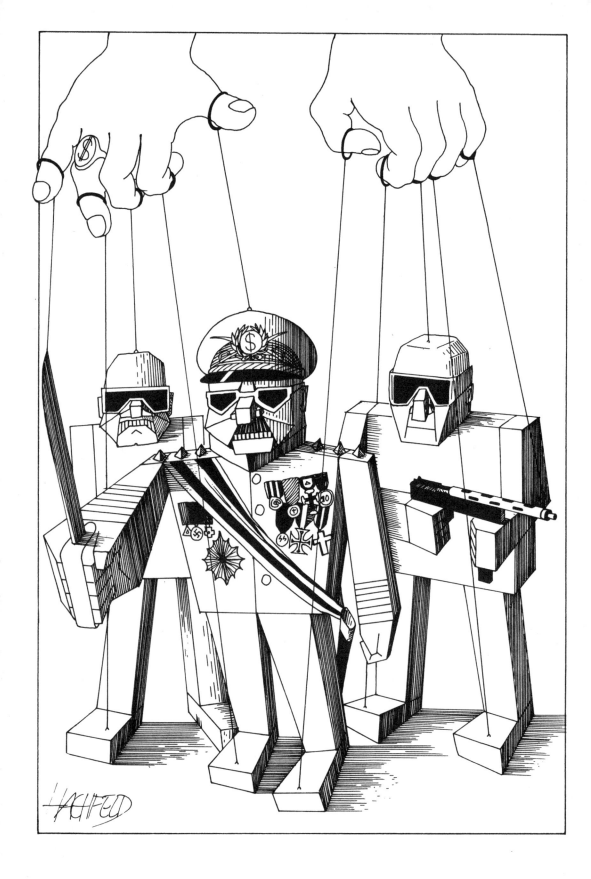

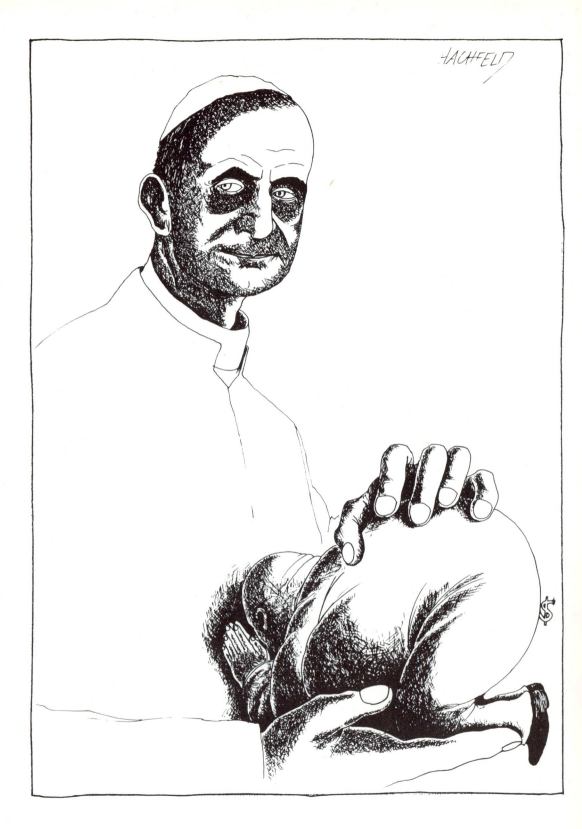

HACHFELD
74

Copyright by NUEVA SOCIEDAD, Caracas

HACHFELD

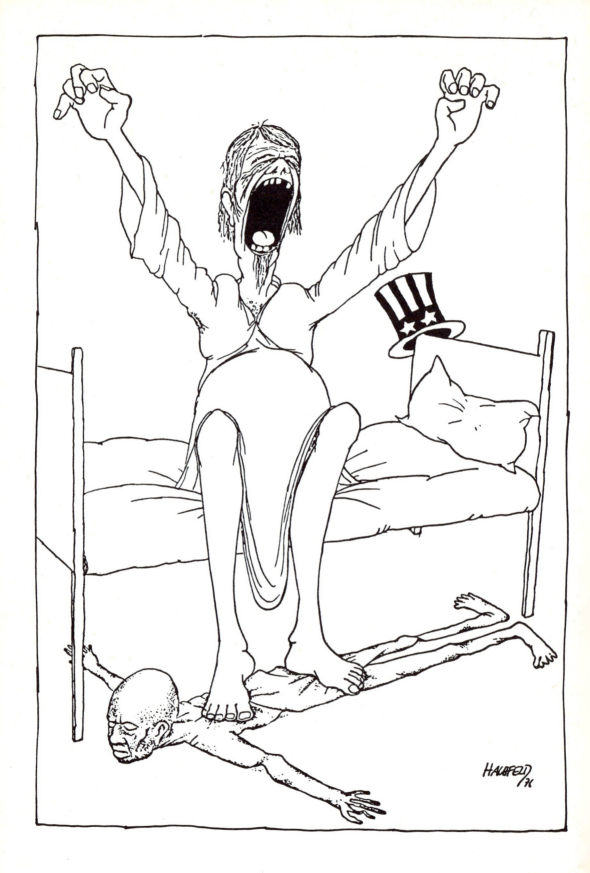

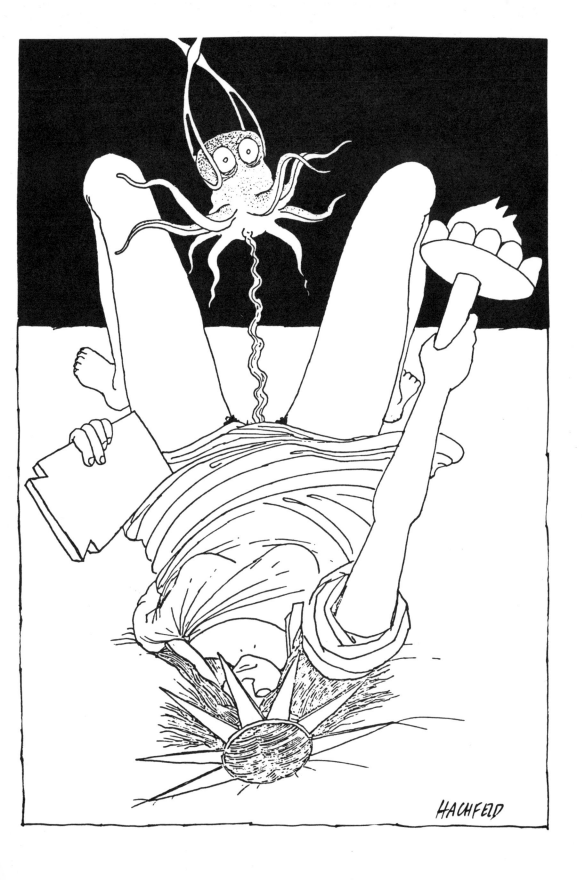

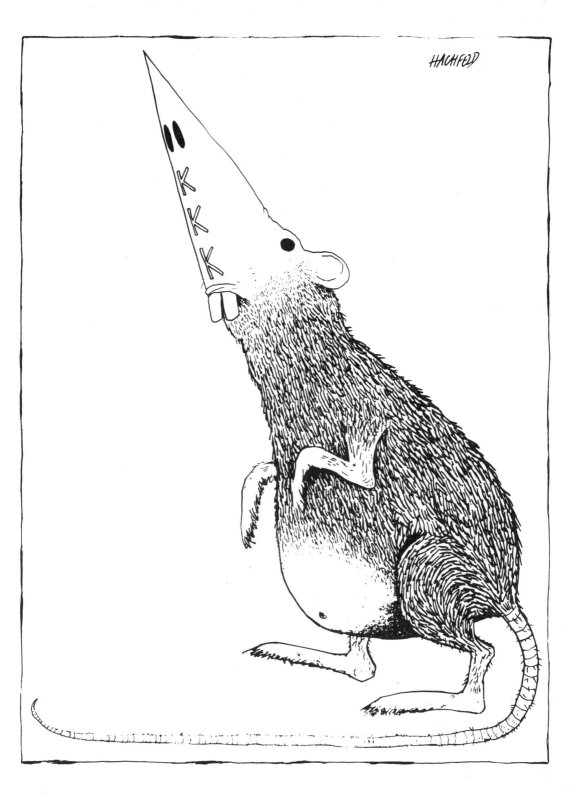

HACHFELD

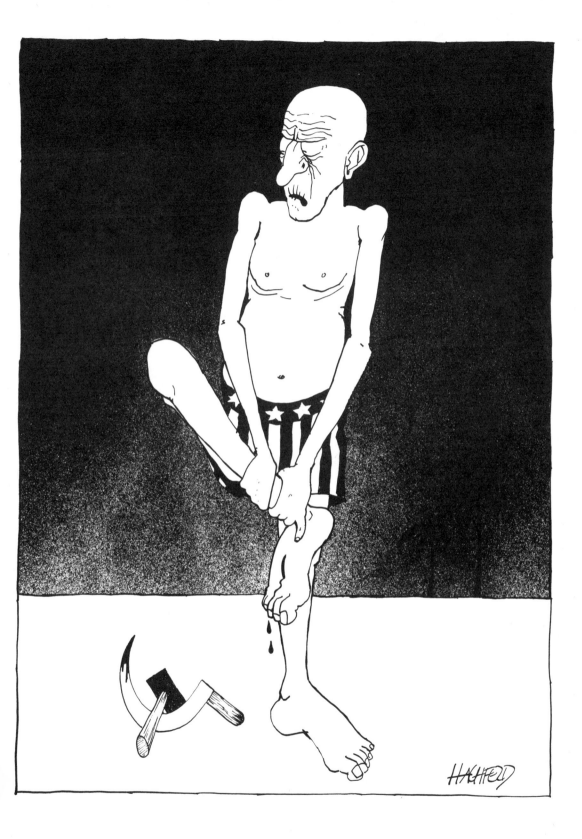

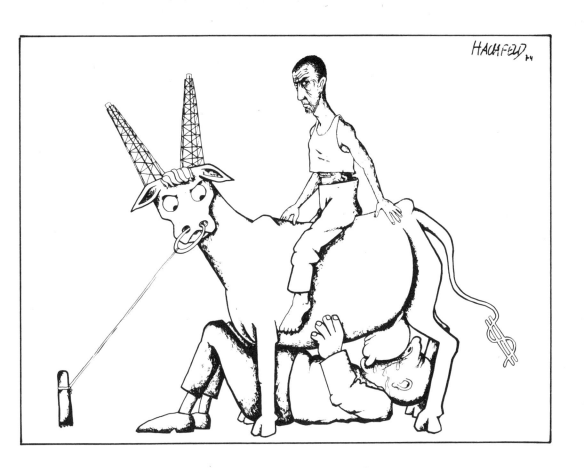

Copyright by NUEVA SOCIEDAD, Caracas

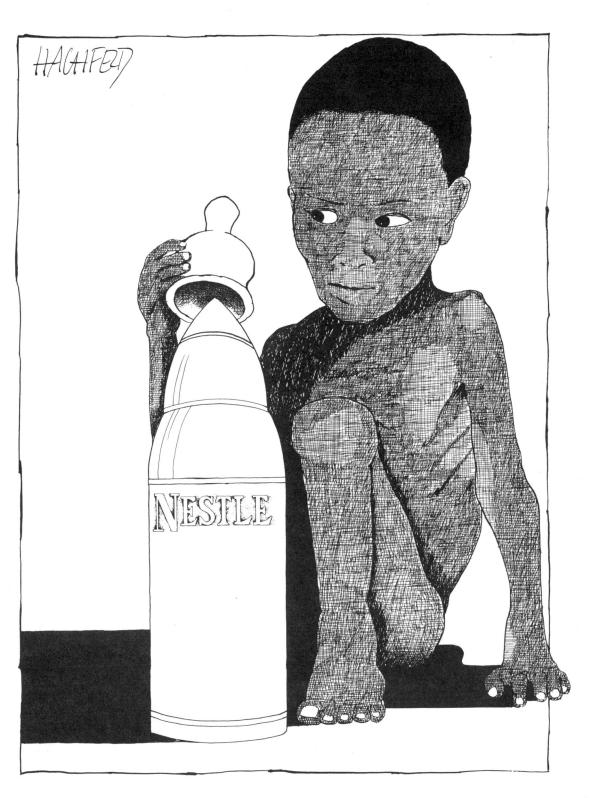

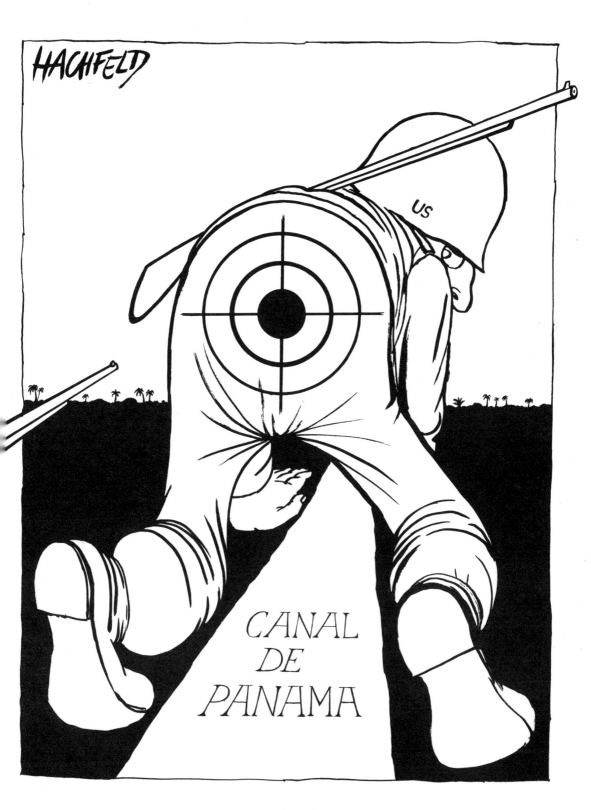

Copyright by NUEVA SOCIEDAD, Caracas

Copyright by NUEVA SOCIEDAD, Caracas

ELEFANTEN PRESS®

Verlag GmbH
Dresdener Str. 10
1000 Berlin (West) 36
Telefon 030/614 77 04

Gerhard Seyfried
FREAKADELLEN UND BULLETTEN
96 Seiten 17 x 24 cm, broschürt
EP 19 DM 9,80
SEYFRIED-POSTER: „Die Revolution war für's erste gescheitert"
Plakat 56 x 64 cm, gefaltet und eingeschweißt, Nr. 517 DM 4,80
SEYFRIED-POSTKARTEN
10 Postkarten, die besten Seyfrieds, eingeschweißt, Nr. 199 DM 4,8

KARICARTOON 1980
*365 Tage mit Terminen, Witzen
und Platz für Notizen*
Wand- und Tischkalender 11,3 x 21 cm
EP 27 DM 16,80
*Mit Karikaturen von Bartak, Bishof, Chumez,
Halbritter, Hogli, Kapusta, Kuro, Leger, Marcks,
Mattielo, Maximo, Mleczko, Morez, Murschetz,
Seyfried, Soulas, Volland, Waechter, Wolinski…
… und 100 anderen Zeichnern und Cartoonisten!*

POLITISCHE KARIKATUR seit 1968
*Rainer Hachfeld, Walter Kurowski, Arno Ploog,
Chlodwig Poth, Stefan Siegert, Klaus Stuttmann,
Ernst Volland, Guido Zingerl
in der 3. verbesserten und erweiterten Auflage*
96 Seiten 17 x 24 cm, broschürt
EP 15 DM 8,50

IM BUCH!